당신이 오지 않는 식탁

강연우 시집

시인동네 시인선 237 강연우 시집

당신이 오지 않는 식탁

시인동네

시인의 말

생경하기를.
때로 불온하기를.

그리하여 마침내
발견되기를.

'시(詩)'라는 불모지에
손 하나를 보탠다.

마주 잡는 손길 하나 있다면
차마 기쁘리라.

2024년 9월
강연우

차례

시인의 말

제1부

신혼 · 13

원고지의 윤리 · 14

오늘의 온도 · 16

익선동 · 18

이불 · 20

배웅 · 23

당신이 오지 않는 식탁 · 24

오래된 방문 · 26

조립 · 30

초대 · 32

캐슬 이안 · 34

질 나쁜 일기 · 36

어떤 비 · 38

빈 의자 · 40

엔터의 시간 · 42

제2부

매미 · 45

그가 아직 내 곁에 있다 · 46

개 · 48

조난 · 50

나의 이마에는 오늘이 깊었으나 · 51

소독 · 54

오늘의 안녕 · 56

비늘 · 58

달의 시간 · 60

안온의 모든 바깥 · 62

나무는 나무의 자리에서 · 64

많아지면서 우리는 · 66

우리 무릎에는 이제 운율이 흐르고 · 68

한때 · 70

무난한 오후 · 72

제3부

보이지 않는 사람 · 75

물의 말 · 76

일요일에 쓰는 내간체 · 78

빅브라더 · 80

폭식 · 82

공일(空日) · 84

혐의 · 85

개인의 바닥 · 88

곡(哭) · 90

노크 · 92

피리 · 94

당신의 기척으로부터 시작되는 · 96

잎사귀에 물이 드는 때이오만 · 98

순례의 序 · 100

제4부

선(線) · 103

마술 모자와 옷걸이, 거울이 놓여 있는 밀실 · 104

근하신년 · 106

너의 잘못이 아니야 · 108

백일 · 110

어느새 아플 것도 슬플 것도 없이 · 112

기체와 칼 · 113

즐거운 꼬리 · 116

파스텔 · 118

청량(淸涼) · 120

조금 · 122

거기, 네가 먼저 있다 · 124

서울의 감정 · 126

오늘의 죽음 내일의 열연(熱演) · 128

독촉 · 130

해설 '당신'의 부재와 애도의 불가능성 · 131
     이정현(문학평론가)

제1부

신혼

철야 작업 끝나고 맞은 아침 밥상

숟가락 든 손등에 옹이가 깊어져 있었다

무릎 위 내 손에 지운

당신의 손깍지를 차마 허물 수 없어

밥상을 물리고 서둘러 나는

당신과 함께 저녁이 되었다

원고지의 윤리

 어머니가 일기장을 원고지로 내어주시면서 일기를 쓰지 못하는 날이 많아졌다 아침 빈 원고지에 어머니에게 회초리로 종아리를 맞는 일조차 일기가 되지 못했다 가로 세로가 만든 빈칸, 다음 칸을 넘어가기 전 세로로 놓인 선분을 바라본다 눈 내리는 가자 지구 라파*의 밤을 생각한다 들어서지 못할 일은 없다 그러나 그곳을 넘어선다 해서 꽃이 피거나 눈이 내리거나 하지는 않는다

 봉쇄된 지면이 멀뚱멀뚱 천장만 내다본다

 소모품인 지우개는 비품이 되었다 돌돌, 글자를 말소해 나가는 지우개는 제 부피를 언제까지고 보존한다 연필에 들어 있는 많은 낱말이 지우개의 부피를 늘린다는 것을 안 것은 최근 일이다 그러나 그 무게는 그냥 지우개만큼의 무게일 뿐이다

 빈칸에 글자들이 채워지면 원고지는 나를 중심으로 자전하고 공전한다 궤도 없는 불친절한 여정에 활자들은 쏟아지고

날아오른다 지그시 오른손을 왼손으로 누르는 날이 많아져

　침대에 눕는 밤이 오면 손에 붙은 지느러미들이 분열을 향해 새벽까지 건너간다

　점멸된 가로등만이 아침에 맞는 하루의 이정표다

　늦은 밤, 원고지 한 장, 한 장을 넘기며 한 칸, 한 칸 글자를 적는다 안온하지 않은 生들을 오래도록 떠받쳐온 직선들은 생에 관한 원고지의 윤리라 믿기 때문이다 데면데면한 글자들이 다시 왼쪽에서 오른쪽으로 걸어 나가는 밤 창밖의 어둠이 아직, 아직이다 어둠도

　어둠을 다하지 못하는 것이다

＊이스라엘과 팔레스타인의 국경 지대.

오늘의 온도

무른 혀를 궁굴리며
무릎을 당겨 끌어안는다

여전히의, 여전한, 여전

자전과 공전의 주기에서
입술 언저리를 배회하는
낙오된 결국의 감정들

창문을 여는 데에는
체념이 필요하고

캔들에 불을 붙이는 데에는
오만이 필요한 나날들

읊조림과 뇌까림의 입을
모른 체하면 비죽
살갗으로 번지는

오늘의 기분

창백한 명사의 기분으로
바깥에서 얼어 오는

오늘의 온도

익선동

나를 이해할 수 있는 사람이 끝끝내 나 하나뿐이라면

그건 정말 슬픈 일일 것 같아

너는 평범한 말로 의문문을 만들었다

대답 대신 너에게 여우비를 내려주었다

함석지붕 아래 우리는 가지런히

하얀 건반으로 진행되었다

어떤 소설가는 빗소리가

사월에는 미, 미미미

칠월에는 솔, 솔솔솔로 들린댔어*

야, 남사스럽게 무슨

너는 그런 나의 헛웃음을 사랑했고

그래서 너의 뒷모습에

고백 같은 것을 조금 숨겨두고는 했다

살아 있다는 착각이 계속되는 나날이었다

---

* 김연수, 사월의 미, 칠월의 솔.

이불

마지막으로 씻겨드리는 일이 될 수 있습니다
마음을 다 해주시면 감사하겠습니다

*

목에 두른 청진기와 입고 있는 가운은 행세가 아니라는 것을 안다 다만 우리는 행색을 가진 사람들 봄날의 는개 같은 늙은 의사는 포근해

잠시 몸에 눈꺼풀을 두른다

어디에 계십니까

당신이 누워 있는 병실로 나는

나를 인도하고

비죽이 솟은 당신의 흰 수염을 자른다

위에서 아래로 아래에서 위로 그러나 끝끝내 당신은 밀려나질 않고 타일에 버려진 희고 검은 수염 몇 가락이 발을 거쳐 개수구로 흘러간다 졸졸,

소리로 설계된 도형을 비집고 들어가

깊이가 있는 바닥을 갖고 싶었어요 한 발을 떼면 가까스로 엄지, 검지발가락을 내디딜 수 있는 동동한 바닥이요 발가벗은 당신의 등을 감시할 수 있는 물이 허다한 바닥이요 아버지와 목욕탕엘 가보고 싶었다고요

혼잣말을 혼자 듣고 있는 나는
눈뜰 수 없는 당신 앞에 허다하고
피의 올이 엮여 있는 우리는 이제
실낱과 한낱에 다했음을 안다

침상에 당신을 바로 눕히면
당신은 당신을 덮고 잠든다

나를 덮고 있을지도 모른다

배웅

섹스가 끝나면 담배를 태웠다

귀를 통과하지 못한 너의 말들은 어깨를 타고 내려 웅덩이에 고였다 손을 얹은 오목한 웅덩이로 무리 지은 의미들이 줄지어 도착했다 사이좋게 우리가 도드라지면 주섬주섬 집어 입은 티셔츠가 평범했던 것인지 평범해서 티셔츠였던 것인지 어수룩한 세계로

억수가 빗발쳤다 두 벌의 수저 앞에

음식을 삼키다 울음을 삼키다 의미가 다르지 않아

배웅은 늘 이별이 되었다 일기에

늘, 이라는 낱말이 많아져 곧, 이라는 낱말로
굵고 굵게 두꺼워지던 한 사람이 있었다

당신이 오지 않는 식탁

당신은 닫힌다

당신에게 들어간 당신은 보이지 않는다 손잡이의 질감에 대해 말할 수 있지만 당신의 살갗에 대해서는 이야기할 수 없다 온도였던 한때, 우리에게 우리였던 방바닥에 앉아 하나뿐인 인칭을 혼자에 욱여넣고 있을 사람을 떠올린다 곡선을 펼쳐 고여 있을지도

모른다 당신에게 들어간 당신은 끝내 나오지 않고 차갑고 시린 나는 언제부터라는 말로 시작돼 계속되어 간다 장면은 풍경으로 머츰해지고 눈금

위에 실려 가는 사이렌 소리에서

벌어지는 저녁 두 벌의

수저를 놓고 한 벌의 쇠붙이를 감행한다

당신이 오지 않는 식탁

의자를 밀어 넣는 기척으로부터 저조해지는

두 발등을

오래된 방문
— 의사 K, C, S에게 부쳐

1

눈 온다 사람은 말한다

듣고 눈, 하고 발음해 보던 나는

눈이 내리고 있는 하늘이며 눈에 덮인 땅을 생각하다 그만, 하고 그만 말을 줄인다 사람은 말한다 새하얀 눈이 내려요 걸어볼 만하지 않겠어요 사람은 사람일 리 없으므로 나뿐인 나는 나를 데리고 창문을 연다 내리는 눈을 바라보는데

새하얀 눈이 내려요 걸어볼 만하지 않겠어요

0

마음은 나로부터 게걸스럽다 반죽 떼듯 뭉떵의 말에서 말을 떼어 입술과 혀를 나는 돌아다닌다

―그건 병입니다

흰 가운을 입은 당신은 말하고 한 손이 모자란 한 손이 한 손을 찾아 손깍지를 건다

―아, 병입니까, 병이군요

아직의 말들은 수그리고 읊조리다 조아리기 시작한다

―네, 그건 분명한 병입니다 병이라는 말입니다
―아, 병입니까, 병이군요
―네, 병입니다 병이라는 말입니다
―아, 병입니까, 병이군요 저런, 병이라니 병이군요, 그렇군요

문득 청진기의 생김새가 궁금해지고 의사가
청진기를 귀에 꽂는 모양이며 청진기 집음부를 배에 가져다 대는 모습을 상상한다

아, 병입니까 병이군요 그렇군요

1

눈이 내려요

사람은 말하고

듣고 눈, 하고 발음해 보던 나는

창문을 열고 눈 덮인 운동장을 내려다본다 작은 소녀 하나가 손으로 눈가루를 뿌리며 사푼사푼 눈밭을 다닌다 마음도 사랑도 그래서 기적도 안 되는 미끌미끌하고 물렁한 두 눈이 소녀를 쫓는다

새하얀 눈이 내려요 걸어볼 만하지 않겠어요

또, 소녀라니요

조립

광광 당신은 이야기한다 막,

산산조각 난 유리의 감정으로 무엇에 대하여 그 무엇에 대하여 결론은 이미 지나쳤을지 모른다 카페에는 사람들이 장식돼 있고 커피잔에는 기분이 조절돼 있다 초점 없는 말들 소리들 목 잘린 줄기처럼 움츠러드는 동안 우리는 새로운 서론에 다다르고 중력을 뿌리치고 저녁은

작동한다

당기시오가 적힌 유리문을 당기며 열리지 않는 절반의 적당한 문을 생각하다 다시 당신의 말을 놓친다

사랑해

아마 당신은 그렇게 말했을 것이고

사랑해

나는 그렇게 대답했을 것이다

괄호 같은 두 눈을 끔뻑거리며 자주 두 개의 선분을 집행할 것이다
바닥이 등을 놓아주지 않으려는 등이 바닥에 닿지 않으려는

서서한 자정

초대

금이 간 당신의 어항은

유리의 입장입니까
물의 의지입니까

유리에게 입장이 있다면
물에게도 의지가 있다면

어항의 종말은 언제입니까

자갈과 모래
수초와 물고기

망각이 빚어 온 무늬가 우리의 표정이었다면
우리는 이제 최초로
어떤 표정을 지어야 합니까

벌을 받아야 합니까

축제를 열어야 합니까

좌우로 고개를 저으면
오른쪽은 왼쪽을
왼쪽은 오른쪽을 어떻게 배반합니까

우리에게 주어진 것은 온통 의문들뿐이므로 이제 남은 건 온통 대답들뿐입니까 그렇다면 언제쯤 우리는 이 침묵을 파면 할 수 있겠습니까

배를 뒤집고 누운 물고기를
손바닥에 받아내는 새벽

갈퀴로 찢어진 열 손가락이
물의 질서라면

캐슬 이안

공동현관문 앞에는 열네 대의 자전거가 서 있다
열한 대의 자전거 바퀴에는 바람이 없다
사용하지 않는 자전거를 정리해 달라고
주민회의 때 건의가 한 건 올라왔지만 기각됐다
1층에는 승강기만 있다 사람이 사는 집은 없다
사람들은 도르래 도는 소리 따위에 관심이 없고
2층에는 병든 노인이 살고 있지만 거주자들은
노인이 어지간하면 승강기를 타지 않길 바란다
지난겨울 4층에서는 대형 텔레비전과
전자레인지가 창문에서 땅으로 떨어졌다
조울증을 앓고 있다는 9층 젊은이의 표정은
막 대하소설을 탈고한 작가의 표정이다
때로 웃기도 하는데 마치 사람이 웃는 것 같다
13층과 14층 사람들은 흔하게 서로를 미워한다
15층에 있는 두 집의 명의자는 한 사람이다 그러나
그에 대해 알고 말하는 사람은 아무도 없다
그곳은 비어 있다 23층에 사는 중년의
의사 부부에게 나도 몇 번 굽신거려 준 적이 있다

그들은 귀 한쪽이 잘려나가고 자주 발작하는
작은 요크셔테리어를 키운다 부부는 안방에서
흑표범을 기르고 있을지도 모른다
어느 날 폐쇄 중이던 옥상이 누군가에 의해 열렸다
열린 옥상에서 그는 자신의 이야기를 결정지었고
폐쇄와 봉쇄의 의미에는 정도의 차이가 있겠으나
결국 봉쇄한다는 말이 옥상 문에 나붙었다
이제 그 건물에 사는 사람은 없다 하나의 주소에
궁극적으로 하나의 태도만 살고 있을 뿐이다

질 나쁜 일기

'무언가에 쫓기고 있습니다'

이렇게 말하고도 잠시 평화로울 수 있습니다
형광등 천 럭스 빛이 지금의 전부입니다

'무언가에 시달리고 있습니다'

말하며 형광등을 꺼뜨립니다

보이지 않는 내가 정말 보이지 않을 거라며
내가 나에게 잠시 속아 주기로 합니다

뒤척입니다 뒤척거리다가 뒤척입니다
뒤척거리다가 결국 뒤척이다가 뒤척거리고 맙니다
뒤척거리다와 뒤처지다 두 낱말에는 분명 어떤
상관관계가 있어 보이고 뒤척거리느라 뒤
처지고 있는 나는 나를 도무지
따라잡을 수 없을 것 같습니다

이룩 성취 달성 성공

하나뿐인 목적에 하나의 재질로 주조된
목적어가 무수합니다 그럼에도

누군가를 서술하기보다
누군가로부터 서술되기를 바라며
새벽 네 시, 일기장을 펼쳐 봅니다

자음 모음 없는 질 나쁜 일기들이
무수한 얼굴을 하고 하나의
표정으로 단단해집니다

어떤 비

내려놓은 구름의 무릎

동심원, 파문, 파국, 파멸

낱말의 행간에서
시간을 들여
잠시 흐느끼는 말들

혀에 빠져 죽은
낱말들을 보았니?

무덤이라 부르지 않고 아직
웅덩이라 부를 수 있는 그곳에서

어디로 갈 거냐 묻는 당신에게
어디로 가야 하느냐 답하는 나는

우산이 없는

손잡이를 쓰고 있는 사람

물의 다정
당신의 투명

우산 아래 펼쳐지는

비의 서열

빈 의자

그 나무가 초록 매실이 맺히던 나무였는지 아니면 붉은 자두가 맺히던 나무였는지 아니, 실은 무엇이 맺혀도 좋을 나무였을 그러나 오늘 나무는

햇빛을 거두고 바람을 거두고
물을 거두고 잎사귀를 거두고

나무 아래 빈 의자 두 개에 연음(連音)
북서풍만 가지런히 포개두었을 뿐

돋움 없는 앙상한 가지에는
허공조차 매달릴 리 없고

오늘 나무는

나무 아래 빈 의자 두 개에 잇달아
벗겨지는 껍데기만 고스란히 벗어두었을 뿐

누구도 살지 않는

나란한

빈 의자 두 개에는

엔터의 시간

쓰고 지웠다 썼다 지우는 시차로 나는

있을 수 있다

얼굴을 가리고 있는 사람의 얼굴을 벗겨주고 싶어 마지막을 향해 가고 있다는 말보다 첫, 의 발음을 시옷의 음가를 늘어뜨리고 있는 것뿐이라고 길쭉하고 네모난 스페이스 바를 쓰다듬듯 누르며

결론이라는 말은 결딴과는 다르지만
상스러운 결딴 없이 기록할 수 없던 이야기들

한 칸에서 다음 칸으로 넘어가는 한
칸 오물거리다 뱉는 사람의 통속은 설탕도

스프링도 없이

제2부

매미

 소리를 열고 들어가 울음의 안감을 더듬었다

 태양은 박자 없이 행을 갈고 멀어졌다 곤충의 울음을 받는 나무의 이목구비를 떠올리며 얼굴을 펼쳐 표정을 기다렸지만, 우기에 잠긴 입술은 입술에 담긴 채 입술에서 달아나 버렸다 비는 그치지 않았으므로 사람은 계속되었고

 피가 밀어내는 심장에서 풀려난 말들이 얼굴에서 희박해져, 물로 옮아가는 상스러운 말들을 입술에 풀어주어야 했다 몸을 떠난 여름의 무늬가 바람의 호위를 받으며 말라가자 단단해지는 바람의 뼈를 분지르며 나무들은 뒤척거렸다

그가 아직 내 곁에 있다

바람이 분다
차다

 부신 겨울 햇살은 아프도록 시리고, 겨울 산의 침묵은 무서울 만큼 엄중하다 잎사귀를 버린 나뭇가지들이 하늘의 가장자리 창(窓)을 향해 손을 뻗지만 따. 닥. 따닥. 잘려나가거나 잘려나갈 손들이 바람에 나달나달해진다 숲은 단정한 초록의 기억으로

 무심하게 겨울새들을 불러들이고, 겨울새들은 나뭇가지에 앉아 어스름을 내린다 돌아올 데가 있다는 건 다시 시작할 수 있다는 것일 게지만 산 중턱에서 만난 껍질이 말라 죽은 나무 한 그루

 가방에서 먹다 남은 소주를 꺼내 가만, 들이부으며 다만 나는 나를 위로하려 드는 심사인데
 젖어 드는 강대나무 흘러간

아비의 얼굴이 둥글게 젖어 맺히어 온다

살아 돌아가 몸 누일 투명한 보료가
마른 뺨을 지나 턱 끝

으로, 길을 내던

개

빈가는 폐가가 됐다

사육장은 창살에 갇혔다 풍경은 풍경을 품에 두르려 하지 않고

당신은 여기서 개를 잡았다 포대에 개를 담아 진심에 진심을 담아 개를 잡았다 내리쳤고 토막 쳤고 끓였다 피비린내는 견딜 수 있었다 침 고이는 새벽 수두룩한 혀는 수북해져만 갔다 마지막 남은

황구를 불로 그슬리던 날 밤

소주를 마신 당신은 시간을 들여 울었다 울음은 당신을 집어삼켰고, 들썩이던 어깨는 초가삼간에 불을 지르려 서 있던 당신을 토닥여 줬다 다음날 손등이 백합처럼 하얀 젊은 선생에게 육성회비의 반만 가져다줄 수 있었던

나는 사육장에 엎드려 꼬리를 흔들던 개들과 함께

없다 당신도 당신의 어깨도 이제 없다 누구도
내 꼬리를 쓰다듬으려 하지 않는다
누구도 나를 마시려 들지 않는다 누구도

그 어떤 누구도 내 안에서

당신을 꺼내 가려 하지 않는다

조난

까마귀 떼 울음이 낙엽을 저지릅니다
바스락, 으깨진 이름들 위로 표정들이 도착하고
발걸음이 발걸음을 걷어차며 앞으로 나아갑니다
바람의 자장에서 유실된 기억이 발각됩니다
산등성이의 능선이 마구 낡고 있습니다
정상을 향한 비정상 한 사람들의 도덕이 뜨겁습니다
얼마나 더 올라가야 정상입니까?
대답합니다
얼마나 더 내려가야 바닥입니까?
버려진 무덤을 지나며 우거진 풀에
여러분의 혐의를 캐묻습니다
태양은 가장 오래된 인류의 알리바이
후들거리는 무릎으로 저녁이 불시착해
가까스로 산 중턱에서 호흡을 발명합니다
입속에 동그랗게 말린 혀는 나침반이 되지만
견딜 수 없는 사실은 혼자라는 단념이 아니라
함부로 입술을 열고 걸어 나오는 구걸입니다

나의 이마에는 오늘이 깊었으나

마당에 핀 수레국화의 목이 꺾여 있습니다

가만, 자리에 앉아 말라가는 잎맥을 짚어보는 새벽

흙과 바람 하늘이 풍경으로 남았습니다

아름답다 속삭여주던 말들이

꽃의 내부를 허문 건 아니었는지

허공을 지나는 바람은 어디에도 머무르지 않습니다

게으른 태양이 산허리에 오전의 지위를 올려놓는 아침

그림자들이 자리를 잡아 나갑니다

그림자만큼 명료한 생명은 없으므로 나는

나의 깊이가 됩니다

*푸른 하늘 은하수 하얀 쪽배엔
계수나무 한 나무 토끼 한 마리*

옹알거리는 아이들의 입술은 여름의 각본이 됩니다

마주치는 손뼉에 고샅 끝으로 소리의 편대가 군락을 이루고

능청과 엄살이 사이좋게 서로 얼굴을 맞대는 그곳에서

오래 꽃이 피어나는 속도로 저물고 싶지만

약 봉투를 집어 든 손등에 문득

한 방울 눈물이 떨어집니다

나의 이마에는 병이 깊었으나

눈물이 눈물에 젖지 않는 나날

호흡이 끊긴 숨 위에

당신 오시는 길이 끊어져 있습니다

소독

울음이 헐겁다
벗어 둘 수 없는 표정이 있다
끝끝내 주삿바늘을 부러뜨릴 수 없어
서둘러 호흡의 바깥에서 숨의 내부로
기웃거림을 챙겨 돌아온다 누워 손가락을 그러쥐면
감정이 덩어리지고 손가락을 펴면
파르르 손끝이 너덜너덜해진다
언제 의식이 끊겨도 이상하지 않은 상황입니다
짐짓 근엄한 표정의 젊은 의사는 때로 우스꽝스럽지만
그가 매일 매일을 거느리고 살아가는
낮은 고도의 선분을 함부로 훔칠 수는 없다
혈관을 찾지 못하는 어린 간호사들의 손톱이
살갗에 초승달로 떠오른다 발등과 사타구니에서
바다가 들끓지만, 병상에 반듯하게 누워
병실 복도를 바라보다 그만, 바닥도 그만
편안하게 눕혀주고 싶어진다 푹 꺼진 침상으로
비듬 같은 마른기침들이 번지고
뒤척이는 뼈들이 덜그럭덜그럭 병실을 흔들면

더러워진 얼굴은 자꾸자꾸 만들어지는
표정을 데리고 아침으로 달아난다 가까스로
오늘은 오늘을 만류하며 오늘이 되어가고
있잖아, 산다는 건 말이지
어쭙잖은 흰소리를 내가 나에게 들려주는 아침
창으로 비치는 햇빛에 나는 휘발을 시작한다

오늘의 안녕

대개 사람을 죽이는 편입니다

꿈속은 자주 흘러넘칩니다

끈적끈적하게 흐르는 피가 물의 많고 많은 형식 중의 하나라고 생각하면 조금 안심이 됩니다 마저 흉기가 들려 있던 손바닥을 확인합니다 아무것도 쥐고 있지 않은 손바닥이 무엇이든 집어 들 수 있는 손바닥이 됩니다 악을 쓰며

악다구니를 쓰며 내지르는 비명이지만 비명에는 비명이 잘 담기지 않습니다 녹고 있던 시간이 빠르게 수축합니다 꼿꼿해지면서 날카로워집니다 침이라고도 부르고 바늘이라고도 부르는 물체가 시계 속에 세 개나 존재합니다

이교도의 입술에서 터진 방언처럼 행성들의 이름을 하나하나 발음합니다 궤도를 그립니다 반복합니다 반복하는 감정은 대체로 평범해지지만 행성의 주기가 행성의 목적이 아니듯 보통의 아침이 나의 목적은 아닙니다

양손으로 오목한 세면대의 둘레를 몇 차례 더듬으면
거울은

발생합니다 화장실 문턱을 넘는 발에 지나치게 의미를 부여한 나머지

눈금을 지나쳐 체중계 위로 내가 잠깐

묻어납니다

아침입니다

비늘

한 족의 구두가
벗어놓은 저녁

明과 暗

둘로 소분된
벽의 소반

무릎을 접고
손바닥을 그러쥐면

종종의 찰나

빛도 어둠도 아닌 이야기가
시작될 것만 같은 착란

무성한 어둠
적막이 조용을

다하는

가만의 때

더듬더듬 불을 켜면
거울이 건져 올리는

헐거운 무덤
오늘의 주검

숨의 비늘

달의 시간

오랫동안
아래를 향해 있는

시간의 단면

웃자란 손톱을 자르라는 당신의 말은
손톱의 길이 때문인가요, 넓이 때문인가요?

묻고 싶지만

딸,

각.

하고 잘려나가는 물음

시간과 감정
기억과 기분

반구(半球)에 못미쳐
잘려나가 버린 이야기들

잃어버리고 잊고, 결국
버리게 되는 누군가의 진심처럼

변기로 흘려보낸 오늘은

부시도록 빛나게
쓰리도록 날카롭게

겨울, 밤하늘에서

안온의 모든 바깥

—저녁

책상과 의자, 커피 그리고 시계의 시침,

정물이 있는 풍경.

하루의 소요가 지금, 여기에서 그친다.

—밤

파자마로 옷을 갈아입는 밤의 낱말들. 사물들.

알파벳의 음과 훈, 용량과 효능, 부작용
을 명확하게 알고 있는 색색의 알약
몇 개를 손에 쥐고 눈을 가늘게 뜬다.

일과는 일과
고투는 고투

목적은 목적
성취는 성취

낱말의 테두리에 모자라거나 넘치는 의미들이
칙칙-폭폭 칙칙-폭폭 눈꺼풀을 횡단하면

스르르, 어쩐지 잠에 들 수 있을 것만 같다
오늘을 오늘이었다 자위하지 않아도 될 것 같고
닫힌 문의 바깥을 궁금해하지 않아도 될 것 같다

불을 끄고 얼굴에서 배역을 벗겨내는 시간
도착한 시간이 내일의 배후가 되어가는 시간

스르르, 어쩐지 나는 나에서
멀어져 가고 있는 것 같다

나무는 나무의 자리에서

해 진 저녁 동네를 걷다
나무 아래 빈 의자에 앉습니다

초록,

누구도
한번 들여다보지 않았을,

나무는 제 얼굴을 보았을까
나무는 제 모습을 알고 있을는지

메말라 갈라진 껍질은
우리 동네 행려병자 이 씨 얼굴 같고
하지만 나무는 이해받으려 하지 않고

봄에서 겨울까지 겨울부터 다시 봄까지
나무는 나무의 자리에서 이해도 나무도
나조차도 없이 다만 가만하기만 합니다

나무껍질에 얼굴을 맞대고
눈감는 동안
시린 겨울바람이 왔다 갑니다

조용하고 평범한 침묵을
아주 다 흔들 수는 없어

바람은 그저 왔다,

갑니다

많아지면서 우리는

눈이 자주 감겼다 자주 누웠고 번번이 나는 흘러내리고 싶어 했다

이불을 덮는 일이 상처에 시간을 발라 두는 일 같아 몸은 체온과 어색해했다

간혹 베란다에 나가 담배를 피웠지만 행운목에 슨 곰팡이는 그냥 두었다 균사, 줄기, 포자자루, 포자 백과사전에서 몇 번 곰팡이에 관해 찾아 읽었지만 나처럼 직유법은 익숙해지지 않았다 공사가 한창인 집 밖의 타공 소리는 아무리 구부려도 뾰족했고 여지를 두는 일보다 마음가짐을 갖기로 하는 내가 무서워졌다

플랫폼 5-3, 문래, 목화, 분필, 도서관, 어제와 오늘과 내일 당신이어서 당신일 수밖에 없는 것들을 엽서에 적으며 아프다는 말이 그럴듯해 나는 입 밖으로 나가지 않았다 당신도

당신을 비집고 나오고 싶어 했을지

눈이 마음을 받아들이려 하는 그때 한번

만나지 않기 위해 우리는

많아지고 있었다

우리 무릎에는 이제 운율이 흐르고

계절의 바깥에서 지도를 허물며 당신은 왔다
나무가 열매를 빚는 속도로 무디고 더디게 왔다
풍경을 착장하고 시간을 유폐하며 당신은 왔다
사각과 창살로 만들어진 국가에
당신은 곡면을 선사했고 마침내
우리는 새로운 국면에서 둥긂에 관해
마음 다해 골몰할 수 있었다 열매는
나무의 뿌리에서 시작되는 것이 아니라
우리의 입술에서 발명된다는 것을 알게 됐다
꽃들은 꽃의 지위를 남발했고
새들은 날개로 바람의 직위를 남용했다
태양은 시간의 좌표가 아니라
문란의 표석이 되었다 너도 나도
나무들은 매일매일 죽음을 배반했다
사람들의 이마에 새겨진 주름은 더 이상
슬픔이라는 낙인으로 오판되지 않았다
희고 고운 손과 껍질이 여문 거친 손
모두의 손은 주름이라는 타인의 마음으로

한데 물결처 공평해져 갔고 평등해져 갔다
바닥은 짓밟히는 평면이 아니라 영혼에서
영혼으로 건너가는 징검다리가 되었고
모든 바닥은 서서히 모서리를 잃어갔다
살아간다는 것은 그러니까 살아 있다는 사실은
죽어가고 있다는 체념과 슬픔의 척후가 아니라
죽음을 향해 가고 있다는 환희의 배후가 되었다

한때

장미의 일을
본 적 없다

찔려본 바 없으므로
가시는 허구였다

꽃 진 자리를 지나
돌아와 반주를 들었다

떠나간 누군가와 떠나온 나
떠나갈 이들을 차례로 세어 보았다

마지막 잔을 놓는데
엉덩이에서 변이 샜다

뭉개고 앉은 내가
나를 받아들였다

받아들일 때가 됐다

한때 피고 지는 꽃을 생각하는
이른 저녁이었으니

울음은 놓아주지 않아도 되었다

무난한 오후

기억하려 하지 않아도 기억하고
새기려 하지 않아도 새기게 되는

내내 서성거리고 기웃거리기만 했던 마음이라는 말을 마음으로 받아들이는 때가 됐다

풍경을 떼 액자에 담아 벽에 걸 나이가 됐다

하늘은 잎사귀를 기억하지 않고, 나무는 초록에서 삶을 다하지 않듯
그저, 와 바람, 이라는 두 낱말을 데리고 자리에서 일어나 훌훌

엉덩이를 터는
섧도록 부시고 환한
아직 이른 오후

제3부

보이지 않는 사람

안경을 쓰면서 당신의 눈동자를 말할 수 있게 됐다

당신의 눈동자에 담겼다 사라지는 나로부터

있음과 없음을 알게 됐고
나무껍질이 벌어지고 꽃이 피고 물이 흐르는 그곳에서 어쩌면 사람은 사랑을 말했을지 모른다 이별을 말하지 않고 이별을 말하고 다시

사랑을 말하는 동안 안경을 쓰면서 멀어져 가는 것은 결국, 기어코 보이지 않게 된다는, 사랑의 자리에 사건이라 기입해 버린 사람은

보이지도 들리지도 않을 안경의 무게로 남아 있다 안경을 손에서 놓으며 흐려지고 희미해지는 사이 침묵의 무릎이 드러난다 두 손은

보이지 않는다

물의 말
― 폐쇄병동에서 보내는 편지

쇠창살을 만지작거립니다
내가 세로로 열거됩니다
빈칸이 많지 않으므로
길이보다 넓이에 몰두합니다
폐쇄된 공간에도 방향이 삽니다
주르륵, 투명한 온점이 굴러떨어집니다

휘파람을 불어 바람을 소집하고
형광등 빛을 모아 기후를 모의합니다
이곳에는 비도 눈도 내리지 않지만
물은 언제나 나의 배후가 됩니다

시계를 바라봅니다
나침반처럼 보이기도 합니다

방향이 있었던 나는 한때
인간이었던 적이 있습니다

의사와 간호사가 웃음을 조립하며
많이 호전됐다는 말을 전해줍니다

그들의 입술이 직선처럼 한가합니다

꿀꺽, 알약을 받아 삼켜도
새벽은 용해되지 않습니다

캄캄한 병실이
하얗게 우러납니다

물방울은 나의 증상

살갗에 도포된 아침이
멀리 증발할 때까지 나는
다시 금지되기로 합니다

일요일에 쓰는 내간체

일요일 아침을 밀봉합니다, 두 손으로

창밖 학교에서는 벽돌을 쌓는 작업이 한창입니다 한참이라 해도 좋겠습니다 인부들은 눈금 위에 눈금을 더하고 있습니다 지금을 망라해 영원을 산산조각 내고 있는 중일지도 모릅니다 삶이라는 말은 이제 쓰지 않고 몫이라는 말 대신 값이라는 말을 씁니다 가느다란 물방울

모든 받침은 ㄱ, ㄴ, ㄷ, ㄹ, ㅁ, ㅂ, ㅇ 소리를 낸다고 학교에서 배웠지만

한 겹의 방식으로 두 겹의 두께에 대해 이야기하는 것에는 무리가 있겠습니다

벽돌 밖은 벽돌
벽돌 속은 벽돌
벽돌 밖은 벽돌
벽돌 속은 벽돌

화음을 넣어 돌림노래를 부릅니다

인간의 가죽을 벗길 때 나는
신음으로 열두 개의 음계를 만들었다*는
신을 향해 열렬히 찬송가를 부릅니다

정오를 알리는 종소리가 퍼지고
오른손의 오늘과 왼손의 오늘이
서로를 딛고 어쩔 줄 몰라 합니다

일요일 아침을 밀봉합니다, 두 손으로

두 손에 담긴 내간체는
익사체로 떠오릅니다

---

*화자의 추상(抽象).

빅브라더

 살려주세요.

 소리의 가죽을 벗겼지만 의미는 발견되지 않았다 듣는 자는 말하는 자다 그들은 소리의 바깥에 박아 올린 목책을 두고 태도를 획책한다 오발된 탄피가 오발의 의지를 품고 과녁을 향해 가듯 발발하는 그의 심장이 간헐적으로 목격된다

 살려주세요.

 듣는 자는 말하는 자다 그는 하나다 둘이다 셋일 수 있고 넷일 수 있다 추락과 전락, 몰락에 취약한, 일인칭의 목젖을 통과한 말들이 높이를 갖고 파다해진다 그들은 소리에 빛을 부여한다 색깔을 점유한 몸은 빛깔의 목록이 아니라 변색의 기호일 뿐 방아쇠를 당기지만 그는 격발되지 않는다

 살려주세요.

 그는 가위로 혀를 자르고 칼로 두 귀를 베어낸다 그가 마침

내 그들을 부둥켜안고 오열한다 달의 의지를 뿌리치지 못하는 자 물에 활자를 새겨 넣게 될지니 수로를 발견한 그들이 물안경을 쓰고 튜브에 올라 물장구를 친다 보트에 올라 수박을 자른다

  살려주세요.

  병동에 갇힌 그를 의자에 앉히고 병동이 그를 회상한다

폭식

아침이다

세면한다 간밤 먹어치운 이름들이 거울에 무성하다 하나의 거울은 수십 개의 몸을 자처하고 좌초된 한 사람은 거울에서 자신을 꺼내올 수 없다 몰아쉬는 한숨

한숨이 둥글다는 말은 오해다

차갑고 싸늘한
단단하고 딱딱한
뾰족하게 날 선
서론과 결말이

사위에 메워졌다
날아가 사방에 박힌다

아침을 거르고 점심을 거르고
일곱 시, 눈금 위에 차려진 밥상

씹는다 국을 떠먹고 찬으로 김치를 삼킨다

비엔나소시지를 볶는다 만두를 삶고 떡볶이를 만든다 치킨을 주문한다 맥주를 마신다 컵라면에 뜨거운 물을 붓고 마저 소주를 들이붓는다 내처 아이스크림 세 개를 사발에 담아 부숴 먹는다 시계 눈금 밑으로, 밑으로

밑
으
로

토가 샌다

바닥이 없어
닿을 데가 없이,

사람은

공일(空日)

뒤척이는 몸의 가장자리마다 나무의 피가 고인다 타공음이 아침을 타공하는 아침이다 조각난 뼛조각들이 잘 붙지 않는다 누군가와 나누었을 어제의 말들을 떠올려 찢어진 근육들을 재단한다 얼굴의 근육들은 그냥 두기로 한다 그곳은 오래전 내가 떠난 섬이다

유서 같은 햇빛이 그림자를 내린다 시간을 들여 그림자에서 어제를 수습한다 어제는 내가 살아 보지 않은 내일이다 안치된 어제로 몇 구의 시신들이 따라가 눕는다 그러나 나에게는 그 둘 모두에게 혐의가 없다 나에게는 연보가 없다

다단조의 냉장고 컴프레서 진동이 울컥 바닥으로 쏟아지자 달력의 숫자들이 쏟아진 음역으로 투신한다

공일이 시작된다

혐의

웃풍 드는 창가

소리의 무늬를 소분해 화첩 위에 박제한다 봄은 오는가 화단에는 지구의 혈관이 수축했다 팽창하는 소리가 들리고 물끄러미 자리에서 타워크레인이 달을 서쪽으로 운구하는 것을 바라보는 새벽

들숨과 날숨을 직조해 침묵을 빚으면 구부러진 등뼈에서 자세는 태어난다 혁명을 바랐다면 상스러움밖에 모르는 심장은 일찍 칼로 도려냈어야 했다 고쳐 앉은 자세에서 태어나자마자 죽어버리는 태도를 목도한다

사랑이 시작되면 망조가 함께 시작되는 거리를 훔쳐본다 질서정연하게 반복하는 죄들은 왜 벌을 받지 않는가 벌이 아니어서 죄가 아니고, 죄가 아니어서 결국 벌이 아닌, 피와 살갗의 연대기에 명단이 없는 그들의 이름은 무엇인가 낙석처럼 굴러떨어지는

마침표는 미래의 온상인가 체념의 표상인가 무수한 질문을 가졌지만 어째서 대답은 하나뿐인가…… 곡선의 족보에서 누락된 불손하고 견고한, 가여운 직선의 후손들에게…… 능숙한 제빵사처럼 말줄임표를 반죽하는 시간 단념은 신앙이 됐다

 엊그제는 乙이 컨베이어벨트에 끼어 죽었고 어제는 乙이 몸에 석유와 불을 함께 놓았다 오늘은 乙이 그리고 내일은 乙이…… 미래에 매복하고 있는 죽음이 낮은 포복으로 기어오고 있는 동안

 눈치를 보며 현재가 발발(勃發)하고 있다 벚꽃의 독재가 시작될 테다 누구도 서성거리지 않는 죽음 누구도 울지 않는 죽음 그리하여 죽음일 수 없어 누구도 죽지 않는 죽음 태연히 잊고 무리를 지어 벚꽃나무 아래 햇살을 탕진하게 될 테다 그러고는 사랑해, 꽃잎의 빗살과 빛깔의 은유를 머금고 서로에게 사랑을 고백하게 될 테다 그런가, 우리는

손뜨개처럼 엇갈리며 종이 위로 이어지는 상념의 문장들 마침내 어깨를 떨어뜨린다 서글퍼서가 아니다 방안에 함부로 엎질러진 녹슨 철탑 십자가가 가여워서도 아니다 당신에게 보내려 접어둔 편지지의 모서리에서 모서리를 벗기고 나온

   모서리는

개인의 바닥

동그랗게 열려 있는 사람들의 두 눈에
투명한 물방울을 빚어내는 사람

비죽비죽

더 견딜 수 없던 내가
바닥으로

뚝, 뚝, 뚝

새기 시작하고

왜 그렇게 두들겨 팼습니까

무릎을 꿇고 통곡하는 어머니는
찌그러져 펼쳐질 줄 모른다

혀끝에서 시작해

주먹에서 끝나는

질경질경한 이야기는
이제 휘두를 수 없어

등받이가 없는
자세뿐인 의자에 앉아

후두둑,

바닥을 수확한다

곡(哭)

마지막 칸을 남겨둔 채
문장은 누구도 만나지 않는다

터빈은 멈췄고 알전구를 갈아 끼우듯 가을은 시작됐다

농담(濃淡), 빛의 입자를 거느린 목적어의 성지에는 가슴팍을 쥐어뜯으며 당신이 사람을 살고 있다 싸늘하고 비스듬한 사람을 품고 사는 당신의 두 눈두덩에 우묵이 섰다 몸을 얼어 차가워지는 사람이

태양의 자리에 달을 옮겨 놓고

손톱을 자른다

사람은

나를 만나주지 않는다

흐르다 멎고 하는
날 선 사람의 곡(哭)으로

너덜너덜해지는 한

사람은

노크

길어지다 굵어진다

둔중

의 더께

몸 하나를 겨누고 사방을 거느리는 용기(用器)의 시간
벽 속에서 여자는 벽을 울어낸다
퍼즐과 레고 건담을 즐겨 하던 윗집 사내는

그녀를 얼빠진 매춘부라 불렀지만

꽃이 지는 속도가 나의 줄거리가 아니듯
바닥만 남은 오늘이 나의 결말은 아니에요

멎었다 다시 시작되는 울음 사이 여자는

태어난다

분위기는 출몰하고 라면 한 봉지를 들고 귀가하던 어젯밤의 그녀는 체온으로 다다른다 걸어 나가던 서투른 질문들이 열려 있던 방문을 닫게 하면 거세지는 그녀의 울음은 옹위되어

　설익은 손을 펼치게 한다 손잡이는

　시작된다

피리

풀잎을 떼어 당신이 피리를 분다

절박했던 무릎은 평범해졌다

그러모은 두 손을 딛고 이따금 날아오르던 하얀 새는 이제 돌아오지 않는다 풀잎을 떼어 사람이 피리를 부는 동안 찰나가 주는 진심이 아니라 진심을 다해 만들어야 하는 찰나를 보고 있다 사람이 피리를 부는 동안

사람의 무릎을 베고 누워 눈을 감는다 사람의 손은 풀잎의 가장자리를 더듬으며 바람의 부피를 측량하고 있다 사람의 손 아닌 손들은 모두 여기 겨드랑이 사이에 꽂혀 있다 자주 그럴 것이다 자주 놓아버려 자주 맞잡았던 당신의

손은

다정한 혼란과 살가운 공포 다감한 질투로 윤곽을 빚었던 골목들 그 길 위로 피어나던 냉이와 소국 꽃에 당하면서 꽃을

극복하면서 기운 옥탑과 당신의 배 위로 쏟아내던 헐떡거리는 개 같은 진심들 몇 번씩이나 살려둔

  나는

  이제 자주 죽을 것이다

  풀잎을 떼어 당신은 피리를 분다

  평범해진 무릎은 편안해질 것이다

당신의 기척으로부터 시작되는

의자는 전전긍긍합니다

책상은 서성거리고 있고요 바닥을 속이고 아무렇지 않게 바닥은 바닥에 포개져 있습니다 바다 위, 의자의 바닥을, 그 위에 책상의 바닥을 얹으며 지금을 기다렸다 말해요 두 팔을 가지런히 위에 덮고 풍경에서 불거지는 쓸모없는 팔꿈치를 좋아한다 혼잣말하고 방향을 위해 정면을 마련해 둔 네 개의 모서리를 편애한다 말해요 앞으로 나란히, 앞으로 나란히 꽹과리 놋쇠를 두드리듯 구령을 쏟아내는 건 아니지만

한 장, 한 장 종이를 넘긴다는 말보다 한 올 한 올, 종이를 엮는다는 말이 좋아요 완성되지 않는 당신, 딱딱하게 끝나는 말보다 당신의 기척으로부터 시작되는, 물과 풀밭을 찾아 가축들과 함께 지내는 피동의 종족을, 물끄러미가 길러내는 당신의 유목은 소중하기만 하지요 뿌리가 자라는 늘,

푸른, 이라는 낱말에서 눈동자가 살아요

당신의 기척으로부터 시작되는, 하나의 인칭으로 모두의 인칭을 다할 수 있었던 어느 계절 어떤 범람에 대해 적고 있는 지금, 눈이

내려요 그리고 당신도 함께 내리고 있어요 투박하고 상투적인가요 평범해서 세지 않은, 문장부호를 손에 쥐고 있지 않은, 무장 없는 나의 수하들은 아직도 여기 많이 남아 있는걸요 갑자기, 문득이라는 말과 어울려 다니는 사람은 우리

둘 겨울은 이렇듯
이러한 채 있어요

겉감을 드러내며
안감을 깁고 있어요

잎사귀에 물이 드는 때이오만

물은 차가워지고 사나워졌소

물의 깊이를 헤는 발끝과 젖은 뒤꿈치가 있었겠소 마저 되돌아가는 사람이 마지막으로 하나 있었겠소만 사람은 길을 거두어도 길은 사람을 거두는 일이 없으니 십일 문 반의 바닥으로 돌밭이나 조금 거들기나 할 뿐이오

찧듯 치대며 빻듯 치대며 바닥에 바닥을 더하오 소매 시접을 돌돌 말아 깊이 찔러 넣고 껑뚱하니 바짓단을 사타구니에 욱여넣소 우악살스러운 돌 소리를 가늠하오 거센 소리를 귀로 겨우 받아 듣는 것이오만 남김없이

옷을 벗고 내처 물가로 가오 게서 바위를 타고 쏟아지는 물을 몸으로 받소 정 나누고 정 떼는 일이 이와 같지 않았겠소 시리지 않고 아프지 않은 데 어디 없었겠소마는 환하지 않은 데 또 어디 없었겠소 싸리와 노간주나무로 엮은 홰에

불을 놓고 산을 넘을 게요 멧비둘기 울음소리 멎는 곳 듬성

듬성 나도 몇 번 멎을 것이오만 마을에 닿아 사립을 열고 바깥채에 들면 오늘은 글월이 밝을지 모르겠소 밝다 한들 아주 밝아 당신의 분홍저고리에 견주겠소 잠자리에 앞서 무명옷의 옷고름을 푸는 손은 내 것이라 나는

    퍽 섭섭하기도 할 것이오

순례의 序
— 여정, 산티아고 순례길

　새파랗게 멍든 하늘이 바람의 주소를 가리켰다 방황에도 방향이 있었음을 그러나 목 놓아 울지는 못했다 보폭은 줄었지만 그림자가 높았다 꽃잎과 나뭇잎 위에 쌓이는 종소리를 경계하며 걸었다 십자가 아래 묻힌 무덤 그 고요가 한순간 이해될 것만 같았다 단정한 지평선 위로 새들이 날았다 어디에서도 볼 수 없는 가장 긴 문장이었다 날개 없는 문장들은 하늘에 대한 짐작이었을 뿐이다 생각이 미치자 흰 양 떼가 구름의 지위로 나의 파탄을 환대했다 오래 걸었지만 포도밭은 끝나지 않았다 태어나 죄를 짓기도 전에 먼저 무릎에 멍을 앓는 그들이 침묵을 경작하는 오래된 방식이었다 그곳에서 무릎에 배열된 슬픔의 목록을 세며 오래 늙고 싶었다 다리가 아플 때마다 무릎을 꿇었지만 기도를 위해 두 손을 모으지는 않았다 속죄를 숭상하고 용서를 경배하는 순례에서 오래 술래로 남아도 좋을 것 같았다 길 위에서 등이 구부정한 개들이 컹컹 하늘에 초승달을 게워내는 시간 발바닥에 잡힌 물집에 바늘을 밀어넣었다 물방울에 젖은 거적이 새까맸다 뒤집지 않아도 절벽이 되는 허공이었다

제4부

선(線)

두 번 죽었다
세 번째를 살았다

적어도
적어도 두 번

아무도
나를 몰랐다

그런 것은 문제가 아니었다

붕대를 풀고
실밥을 뽑는 날이면

적어도, 적어도가 계속됐다

사람을 찾았다

마술 모자와 옷걸이, 거울이 놓여 있는 밀실

마술 모자 속에서 어머니가 나오시지 않습니다
삶이라는 트릭, 트릭이라는 삶
난센스가 주는 유머의 문제는 아니겠습니다
하늘을 휘젓던 날개가 사실은
물갈퀴였다는 사실이 휘젓던 하늘이
땅바닥이었다는 사실이 오늘
그녀를 경악하게 합니다 작은누이와 큰누이는
옷걸이에 매달려 있습니다 쇼윈도를
선사하고 싶으나 그녀들에게는
살아 뛰는 심장과 오장육부가 있습니다
땅은 촉감, 발걸음은 착각
그녀들이 주절거립니다
발가락을 땅에 디뎌보더니
다시 옷걸이에 주렁주렁 매달립니다
당신이 밀실을 떠난 후로 나는
거울 속으로 들어가 외출을 삼가며
살고 있습니다 당신이 나에게 꿇어야 하는
무릎에는 언제나 평면이 필요하기 때문입니다

당신을 생각하면 할수록 거울에 금이 집니다
유리가 썩는 데 사천 년이 필요합니다
사천 번의 환생을 생각하며 당신을 땅에 묻었지만
한 번 죽은 당신이 오늘도 마구마구 태어납니다
마술 모자와 옷걸이, 거울이 놓여 있는 밀실에는
누구도 방문하려 들지 않습니다 밀실에 다다르는 길에는
몇 갈래의 길이 있지만, 밀실에는 돌아가는 손잡이 역시
달려 있지만 우리는 방문객들의 취향이 아닙니다

근하신년

과거는 앞과 뒤의 개념이 아닙니다

사방(四方)의 심상입니다

해찰하다 그만, 웃자란 일 년의 모가지를 채 쳐내지 못했습니다

지난 일 년과 내가 서로를 마주 봅니다

한 몸이 지닌 하나의 목적에
성공과 실패라는 두 낱말밖에 쓸 수 없는 건지, 오래

고민하다가 혼잣말로 노래합니다 숨바꼭질

할 사람 여기, 여기 모여라

오른손 엄지를 왼손으로 감싸고
왼손 엄지를 높이 치켜세워 올리면

불은 꺼지고 명암 없는 초침이
술래를 쫓습니다

베개를 베고
이불을 덮고
눈을 감아도

닫은 문은
환하게 열려 있습니다

너의 잘못이 아니야*
— 이 땅의 모든 너의 잘못에게

열차가 들어온다

펜치와 멍키 스패너로 너는

죽음을 조립한다

열차가 네 몸을 지나가고 그러나

죽지 않는다 너는

몇 번, 앞서 죽었던 기억

손사래 치며 너는

그림자도 제 것은 아니어요

사발면 옆 소주를 올리면

소주는 두고 컵라면과

나무젓가락 한 벌만 든 채

뒤돌아 걸어간다 슬픔은

내 것이 아니라

이 땅의 것이어요

＊2016년 구의역 스크린도어 참사 당시 아무개들의 구호.

백일

여자라는 무늬를 갖고 있어
문양이라는 낙인도 갖고 있지
칼바람에 경악한 동백나무가 빨간
동백을 게워내던 겨울이었을까
너는 왔어 아가야, 아가야 너는 왔다
통유리 너머로 어른들은 박수를 쳤고
남자는 눈물을 흘렸어
괜찮은 전시였지
괜찮은 관람객들이었어
하지만, 아가야, 아가야 너는
긴 밤의 도덕적 일탈로 오지 않았어
캄캄한 새벽의 나태로 오지 않았어
밤과 새벽 사이 다만 너는
기쁨과 고통 사이 주춤거림으로 왔어 엉거주춤
허리에 괸 베개와 천장으로 높이 올린 두 다리
두 무릎 사이 사타구니를 타고 시간을 들여왔지
누구도 대답할 수 없는 오직 하나의
질문 앞에 그때 나는 사랑,

사랑이라 묻고 사랑이라 대답했던 것 같아
하지만 아가야, 플래카드에 적힌 너의
이름 세 글자를 보는 오늘, 오늘은
무엇을 손에 쥘 거니
돈 마이크 연필 청진기, 아가
무엇을 손에 쥘 거야? 해사한 웃음과 울음
곱기만 한 하얀 두 손으로 무엇의
생산의 기틀을 다잡을 거니 아가
그때처럼 박수부터 만들어낼 거니?
그냥, 아니 그냥,
엄마가 궁금해서

어느새 아플 것도 슬플 것도 없이

 겪다시피 한 일들만을 겪다가 여기는 어디지 도시 지명이 뭐였더라 구로 어디쯤일 텐데 근데 왜 이렇게 밝은 거야 또 따뜻한 건가 나는 옆에 사람이라도 있는 것처럼 말하고 앉은 데서 말없이 뒤돌아 이름도 모르는 꽃, 멍울은 또 맺혀 있어서

 괜찮은데, 말하면서 정말 괜찮아지는 이 허무의 맹랑을 어찌하지 못한다 웃고 우는 감정의 사이 마음의 자장으로부터 멀어져 가는 태양을 괜히 쏘아보다가 근데 왜 이렇게 밝은 거야 또 따뜻한 건가 걸음을 몰고 가는 바람도 이제 아주 잦아져

 휘적거릴 것도 없이 어느새 아플 것도 슬플 것도 없이 집에 다다른다 늙은 어머니와 늙은 개가 사이좋게 치킨과 피자를 주문해 놓고 기다리고 어머니 드세요 아들 먹어 개야 먹자 이렇게 아플 것도 슬플 것도 없이 우리는 서로의 주변을 서성거린다

기체와 칼

벽과 가까워지고 문은 멀어진다

벽은 나를 겪고 싶어 하고
하릴없이 열렸다 닫히는 문은
의미가 되고 싶어 한다

투명의, 선명

방울, 한 방울로 맺혀 흘러내리기에 나는
차갑고 가볍고, 또 눈에
보이지 않는 하나뿐일
어떤 물질

갑자기와 문득

아버지 피와 흉기
누이 둘 어머니를 데려다

배회 중이던 공중의 밑
밑을 더듬으면
방은 피가 된다

미안하구나, 미안하구나
말할 수 없는 아비는

피 속에서
칼이 되고

괜찮아요, 괜찮아요
대답할 수 없는 나는

칼의 바깥,
피의 전체가 된다

流流, 流流, 流流

경악도 발악도, 소리조차
흐르지 않는 빈

방

즐거운 꼬리

잠든다는 말을 이해할 수 없다

눈 감지 않는 마음이 새벽을 배치한다 마침내 자리를 차지한 가구처럼 아침에 처박혀 있는 나는

커피를 내리고 담배를 태운다 세면하고 외투를 입는다 오늘은 고금리 대출을 저금리 대출로 대환하러 가는 날이다 전철에 오른다 창밖, 정면 같은 건

없다 추궁하는 자들의 입술은 늘 뒤에 걸려 있고

서명한다 계약한다 땀이 흐른다 덥다 땀이

자꾸만 흐른다 그녀가 자금에 관한 용도를 묻지 않는 것처럼 난방기는 내 체온을 알지 못한다 입고 있는 외투의 두께를 난방기가 알 리 없듯 난방기는 자신의 쓸모를 알지 못하고

집에 돌아와 침대에 눕는다 인내,

신뢰 깊은 낱말을 여전히 잘 이해할 줄 몰라 하는 혀는

입금하고 출금한다 계산하고 영수증을 받는다 한쪽, 한 면으로 출력 가능한 나는 평면의 형상

불

꺼진 방 열 발가락을 하나둘
차례대로 핥는 늙은 개에게

즐거운 입체

꼬리를 선사한다

파스텔

플레이리스트에 담긴 선배는 노래한다 죽은 사람인 선배가 정말 죽은 것 같다 귓불을 꼬집는 버릇이 생겼다 말랑말랑하고 대체로 따뜻하게 느껴지는 그것은 마치 온도처럼 느껴지고

천 원만, 골무 사게.

천 원만 필요해요?

자주 내 귓불을 꼬집던 선배는 차례 지내듯 차례에 맞춰 평범하게 연탄을 태웠다

구름 사이를 비행기가 날아간다

선배는 비행기를 타 봤을까, 비행기가 심하게 흔들릴 때 선배는 어떤 생각을 했을까, 삶? 죽음? 다정한 오후 공원 벤치에서 펼쳐지는 다감한 독서처럼 풍성해지는 사람 생각의 마지막 마디, 그쯤에서 결국 펑퍼짐해지고야 마는

사람

음— 으음— 음음— 음음음—
허밍은 허밍, 슬픈 허밍에는 구멍이 없고

오선지 위에 당신이 그려 넣던 음계는 여백의 여백을 비우는 일처럼 까다로웠겠지만 하느랗다, 라는 내 낱말도 국어사전에 없다 파스를 좀 사와야겠구나 늙은 어머니는 말하고 늙은 개는 이제 꼬리를 흔들지 않는다

너는 너무 말이 많아

소리를 감시하다 나는

줄어든다 다 쓰고 남은 공책의 마지막 한 줄처럼 좁다래지지만 우웅, 보일러 소리는 한 줄에 담기지 않는다 여름에도 온기가 필요하다는 것을 아는 사람은 살아 있는 사람들뿐이다

청량(淸涼)

며칠, 날이 참 좋았어요

청명, 청량이라는 말을 좋아했는데 청명은 알았지만 청량은 아리송했었지요 청량(淸涼), 맑고 서늘함을 이르는 말이라 옥편에 적혀 있었답니다 그 아래 량(涼), 이 자(字)는 외롭다, 쓸쓸하다 의미도 포함하고 있다고요 툭, 하고 만지면 뚝,

뚝, 하고 흘러내릴 것 같은 봄날

청량, 청량

할 일 없이 낱말이나 만지작거리는 아침결이었지요

당신이 두고 간 바닥이어서였을까요

오늘 그 바닥은 환하고 또 환해 새삼 보지 못했던 것들을 보여주었답니다 그럴 줄 몰랐고 그래서는 안 된다고 생각했던 것들이 거기 있었어요 목청 맑은 새들이 재자재자 지저귀고

있었고요 하양이니 노랑이니 초록이니, 푸른

   잎사귀를 두고 조곤조곤 바람은 속살거렸답니다 마침 햇살과 바람은 어느 한쪽 편만 들지 않는다는 살가운 문장도 하나 주었고요 바득바득 할 때 그 바닥만 바닥인 줄 알아 바득바득 거느리고 살아온 바닥이 참 잘 보이는 아침이었지요 도로

   아프고 대번에 슬플 걸 알았지만 그래도 잘 보이는 바닥이, 아침이 그렇게나 좋아서요 술잔을 드는 대신 푹, 하니 황태를 고아 사이좋게 바둑이와 나눠 먹는 아침이었답니다 맛있냐 맛있냐

   병든 개에게 간간이 시비도 붙이면서요

조금

언덕을 조금 훔치는 일

참치 캔을 서로의 앞에 두고
너는 누워서 나는 앉아서
서로가 서로를 오래 바라보는 일

가만히, 오래라는 두 음절을
오래- 하고 입을 벌려
굳이 발음해 보는 일

벌어진 입이 간직하고 있는
유일한 다정인 것만 같아
서둘러 입술을 닫지 않는 일

자주 눈이 감기는 네게
헐값의 삼인칭에 대해
조금, 조금 말해 주고 싶어지는 일

햇살과 바람 그림자 전봇대
쓰레기와 한데 어우러져
지금에 조금 힘을 주는 일

무정하게 훑고 버리고 간
일인칭을 주워 우리가
살뜰하고 알뜰하게 나누어 갖는 일

더 이상 숨을 쉬지 않는 너와
함부로 숨을 쉬는 나의 사이
고르게 퍼지는 바람의 일을 보며

언덕을 조금 버리는 일

돌아서는 일

돌아서며 조금
조금 울지 않는 일

거기, 네가 먼저 있다

밤이었다

역(驛)은 계속되었고
문은 열리고 닫혔다

소리가 없어
소리를 들을 수 있었다

구로역을 지나는 때

차창 밖으로 보이던 천변이 눈에 어리지 않았다 어둠이었다 어둠을 어둠이라 명명하는 한 사람을 보았다 고개를 숙이고 있는 동안 어깨가 시들었다 얼굴을 들어 낯설지 않은 창밖을 바라보는데 불 켜진 객차의 창문들이 물가에 어리기 시작했다

흐르고 있다

같은 말을 되풀이했다 툭, 하고 구두 앞코로 떨어지는 어느

하나의 무게가 있었으니 그것을 마음으로 다 받았다 나보다

　먼저 와 나 몰래 젖다 가는 울음이

　거기, 있었다

서울의 감정

　기차가 속도를 줄이고 비로소 심장에서 멀어진다

　곡선의 구간에서 침묵의 무릎을 베고 목적지까지 몇 번이고 직선을 유예하고 싶다 왼쪽 어깨가 비스듬해진다 이제 들썩임과 들썽임의 차이를 모른다 수평은 규칙적으로 추락하고

　옆에 앉은 사내가 가방에서 도시락과 과자를 꾸역꾸역 꺼내 보인다 발치 아래서는 당신이 차려준 반찬통이 달가닥거리고 있지만 당신의 탄식을 집어삼킨 이후로 청바지의 허리둘레는 더 늘어나지 않는다 객실,

　갓난아이의 찢어지는 울음이 사람들 귓바퀴에 슬지만 울음이 언어가 아닌 데에서, 배냇저고리를 적시는 것밖에는 목적이 없는 둥근,

　눈물방울에 대해 생각하다 안도한다

　차창 밖의 태양은 오늘도 멸망하고 우리는 이제 미래를 언

도하는 형광등 아래에서만 안심할 수 있다 정차역을 지나 사람들이 둥글게 몸을 궁굴리는 사이 창밖에는 진눈깨비가 바람에 날려 성기고

   이번 열차 우리 역의 마지막 역인 서울역입니다

   사람들은 풍경을 반듯하게 접어 주머니에 찔러 넣고 귀가할 것이다 흰 눈 위로 포개지는 흰 눈은 오늘 밤부터 내일 아침까지 포개질 흰 눈은

   어떻게 나의 혐의가 되고
   어떻게 나의 정체가 되는가

   갈라진 구두 굽으로 바람은 서걱거리고 무표정한 그림자는 표정을 쫓는다

   먼저 서울을 버릴 것이다

오늘의 죽음 내일의 열연(熱演)

새장의 새는 형벌의 세계를 창조했다
그는 새장 앞에 선 채 가만 중얼거린다
발끝부터 길어 올린 하품으로
권태의 배경을 축조하며 거리를 헤집는다
먼지에 함부로 섞인 갈치조림 냄새와
이방인들의 한숨과 욕설이 서린 거리에서
그는 바지 호주머니 속에 든 손을 그러쥔다
울음이 멎는 곳에는 죽음이 있고
죽음이 있는 곳에는 탄생이 있다
죽음이 유행인 거리에는 더 이상
죽음이라 할 수 있는 죽음과
울음이라 할 수 있는 울음은
다시없지 방범대원의 호각 소리
메밀묵 사려 소리
육중한 기계 굴러가는 소리
등 뒤에서 터지던 네 울음*은
표백된 종이의 말소된 감정이다
중얼거리며 들리지 않는 소리로

들리는 소리를 그는 소각해 나간다
살비듬이 구두 앞코에 내려앉고
중얼거리던 입술이 마침내 파르르
떨리기 시작한다 오늘의 배역은 모두 끝났다
오늘의 죽음, 내일의 열연
오늘의 죽음, 내일의 열연
마침표만이 방점인 그의 원고지에서
모든 문장은 비명이 된다

---

*신경림, 「가난한 사랑 노래」

독촉

 두 개의 빈 주머니는 주머니에 주머니를 입혀 놓고 어두워진다 복수(複數)의 내일들은 떼로 몰려오고 극적인 것들에만 오직 적극적인 오늘을 파손이라 해야 할지 파산이라 해야 할지 어제는 늘어질 대로 늘어진 테이프 같고 판결은 이미 파국으로 몸을 옮겼다 두 개의 손에 열 개의 손가락까지 셈하면 반칙이 되는 거냐고 뿌리가 뻗는 뿌리에 대해 끝에서 끝까지 처박고자 하는 끝의 의지에 대해 그 끝에 불거지는 어찌할 수 없는 이 평범과 보통에 대해 말의 의미는 의미의 의지 숫자의 의미는 의지의 의지 해설을 달고 그늘은 풀어지지만 그물을 품고 쓸모없어지는 그물무늬기린처럼 하품 같은 오늘은 어제와 오늘을 목에 두르고 배부른 잠의 아가리로 깊어지는데

해설

'당신'의 부재와 애도의 불가능성

이정현(문학평론가)

>나를 이해할 수 있는 사람이 끝끝내 나 하나뿐이라면
>그건 정말 슬픈 일일 것 같아
>너는 평범한 말로 의문문을 만들었다.
>―「익선동」 부분

　강연우의 첫 시집 『당신이 오지 않는 식탁』의 시적 주체는 줄곧 '부재'를 의식하고 있다. 시적 주체는 "봉쇄된 지면"(「원고지의 윤리」)을 채워나가며 누군가를 애도한다. 그리고 지리멸렬한 생의 풍경을 응시한다. 시인이 대면하는 시적 순간에는 부재가 낳은 공허함과 삶의 의지가 희미하게 엇갈린다. 그 경계에 '죽음'이 있다. 화자가 떠올리는 것은 한때 곁에 있었지만 지금은 존재하지 않는 '당신'이다. '당신'은 혈육이거나 과거의 연인일 수도 있다. 중요한 것은 그 사람의 남긴 흔적이다. 그것은 '나'의 삶에 영향을 미친다. 그러면서 '나'는 조금씩 다른 존재가 된다. '나'가 원고지를 "봉쇄된 지면"으로 여기는 이유이기도 하다. 사물과 사람, 주변 세계는 시의 소재가 되지만, '나'는 쉽게 쓸 수가 없다. 어떤 고통은 죽을 때까지 겪을 수 없고 이해하기 어렵다. 가장 가까운 혈육인 어머니의 삶도 불가해한 것으로 그려진다.

어머니가 일기장을 원고지로 내어주시면서 일기를 쓰지 못하는 날이 많아졌다 아침 빈 원고지에 어머니에게 회초리로 종아리를 맞는 일조차 일기가 되지 못했다 가로 세로가 만든 빈칸, 다음 칸을 넘어가기 전 세로로 놓인 선분을 바라본다 눈 내리는 가자 지구 라파의 밤을 생각한다 들어서지 못할 일은 없다 그러나 그곳을 넘어선다 해서 꽃이 피거나 눈이 내리거나 하지는 않는다

봉쇄된 지면이 멀뚱멀뚱 천장만 내다본다

…(중략)…

늦은 밤, 원고지 한 장, 한 장을 넘기며 한 칸, 한 칸 글자를 적는다 안온하지 않은 生들을 오래도록 떠받쳐온 직선들은 생에 관한 원고지의 윤리라 믿기 때문이다 데면데면한 글자들이 다시 왼쪽에서 오른쪽으로 걸어 나가는 밤 창밖의 어둠이 아직, 아직이다 어둠도

어둠을 다하지 못하는 것이다
—「원고지의 윤리」부분

 '나'는 어머니의 일기장을 읽으며 글을 쓰지 못하고 머뭇거린다. 어머니의 삶과 비애를 가늠할 수 없기 때문이다. 인간은 혈육의 고통과 비애조차 온전히 이해하기 어렵다. 시적 주체의 비애는 여기서 비롯된다. "혀에 빠져 죽는 낱말들"(「어떤 비」)을 자각하면서 시인은 "나를 이해할 수 있는 사람이 끝끝내 나 하나뿐이라면/그건 정말 슬픈 일일 것 같"(「익선동」)다고 적는다. 개를 사육하던 아버지를 떠올리면서 겨울 산에 올라 "아비의 얼굴이 둥글게 젖어 맺"(「그가 아직 내 곁에 있다」)힌다고 토로한다. 시적 주체가 호명하는 '당신'은 생물학적인 혈육에 국한되지 않는다. 그것은 자신이 끝내 이해할 수 없었던 타인들과 한때 '나'에게 온기를 부여했던 연인에 대한 호명이기도 하다.

 당신은 닫힌다

 당신에게 들어간 당신은 보이지 않는다 손잡이의 질감에 대해 말할 수 있지만 당신의 살갗에 대해서는 이야기할 수 없다 온도였던 한때, 우리에게 우리였던 방바닥에 앉아

하나뿐인 인칭을 혼자에 욱여넣고 있을 사람을 떠올린다
곡선을 펼쳐 고여 있을지도

    모른다 당신에게 들어간 당신은 끝내 나오지 않고 차갑고 시린 나는 언제부터라는 말로 시작돼 계속되어 간다 장면은 풍경으로 머츰해지고 눈금

위에 실려 가는 사이렌 소리에서

벌어지는 저녁 두 벌의

수저를 놓고 한 벌의 쇠붙이를 감행한다

당신이 오지 않는 식탁

의자를 밀어 넣는 기척으로부터 저조해지는

두 발등을
            —「당신이 오지 않는 식탁」 전문

    생전에 이해하지 못한 부모를 회상하면서 강연우의 시적 주체는 애도 행위의 실패를 예감한다. 애도하는 대상의 삶이 그

리 아름답거나 사랑스럽지 않아서가 아니다. 애도의 실패는 체념이나 좌절과는 다르다. 롤랑 바르트에 의하면 애도의 실패는 예정된 것이다. 애도의 실패는 병리적인 우울과 나르시시즘으로 귀착되지 않는다. 오히려 애도의 불가능성 안에 머물면서 슬픔이 이야기될 수 있는 '장소'를 만들어낸다. 그것은 발화의 가능성을 내포한 기다림의 장소이며 끊임없이 연결되는 장소다. 강연우의 시에서 그 장소는 '병동'과 '밀실'로 형상화된다. 병동은 죽은 자가 머물렀던 곳이며, 곧 죽을 자가 머무는 곳이다. 또한, '밀실'은 '나'가 인식하는 이 세계의 다른 이름이기도 하다. 인간은 누구나 늙고 병들어 죽는다. 그리고 죽음을 망각하면서 서서히 타락한다.

 시인은 '병동'과 '밀실', 그리고 '죽음'을 통해 그 진리를 다시 깨닫는다. 이 세 단어는 시적 화자의 인식을 대변하는 키워드다. 세계를 이렇게 인식하는 자에게 고통은 필연적이다. 일찍이 프로이트는 '고통'을 이야기 중에 나타나는 '막힘'의 증상으로 파악한 바 있다. 환자는 스스로 자유롭게 이야기할 때 비로소 치유된다. 그러나 자유로운 발화에 이르는 과정은 순탄치 않다. "당신이 누워 있는 병실"(「이불」)에서 "유서 같은 햇빛"(「공일(空日)」)을 바라보는 시적 주체 역시 마찬가지다. 한때 곁에 머물다가 떠난 자들을 떠올리면서 '나'는 애도의 불가능성과 아프게 대면한다. 그러면서 '나'는 서서히 깨닫는다. 홀로 남은 자신이 할 수 있는 유일한 일은 애도의 실패를 자인

하면서 '당신'이 머물렀던 시간의 의미를 묻는 것이다. 반복적으로 제시되는 밀실, 혹은 병동과 같은 공간은 모두 슬픔을 발화하지 못하는 '나'의 상황을 대변한다. "금이 간 어항"(「초대」)과 같은 세계에서 '나'의 "모든 문장은 비명"과 흡사하다.

>   새장의 새는 형벌의 세계를 창조했다
>   그는 새장 앞에 선 채 가만 중얼거린다
>   발끝부터 길어 올린 하품으로
>   권태의 배경을 축조하며 거리를 헤집는다
>   먼지에 함부로 섞인 갈치조림 냄새와
>   이방인들의 한숨과 욕설이 서린 거리에서
>   그는 바지 호주머니 속에 든 손을 그러쥔다
>   울음이 멎는 곳에는 죽음이 있고
>   죽음이 있는 곳에는 탄생이 있다
>   죽음이 유행인 거리에는 더 이상
>   죽음이라 할 수 있는 죽음과
>   울음이라 할 수 있는 울음은
>   다시없지 방범대원의 호각 소리
>   메밀묵 사려 소리
>   육중한 기계 굴러가는 소리
>   등 뒤에서 터지던 네 울음은
>   표백된 종이의 말소된 감정이다

중얼거리며 들리지 않는 소리로
들리는 소리를 그는 소각해 나간다
살비듬이 구두 앞코에 내려앉고
중얼거리던 입술이 마침내 파르르
떨리기 시작한다 오늘의 배역은 모두 끝났다
오늘의 죽음, 내일의 열연
오늘의 죽음, 내일의 열연
마침표만이 방점인 그의 원고지에서
모든 문장은 비명이 된다
　　　　　―「오늘의 죽음 내일의 열연(熱演)」 전문

"쓰고 지웠다 썼다 지우는 시차로 나는//있을 수 있다"(「엔터의 시간」). 이 시집의 많은 시적 언술들은 주로 '체념의 진술'로 다가온다. 당신을 잃고 난 후 시간은 앞으로 흐르지 못한다. 당신이 부재하는 세계는 곧 밀실이나 병동에 불과하다. 자신의 심층적 기억과 대면하면서 '나'는 조금씩 바깥으로 나아간다. 그러면서 체념의 의미는 조금씩 변주된다. 체념의 숙주인 슬픔은 진화하는 속성을 지닌다. 슬픔은 자기 연민을 동반하지만, 애도의 불가능성을 통과하는 시간을 거치면서 타인의 고통에 대한 감각으로 바뀐다. 끝내 자신의 고통을 발화하지 못하고 떠난 타인의 존재를 생각하며 시적 주체는 밀실, 혹은 병동의 문을 연다.

밤이었다

역(驛)은 계속되었고
문은 열리고 닫혔다

소리가 없어
소리를 들을 수 있었다

구로역을 지나는 때

차창 밖으로 보이던 천변이 눈에 어리지 않았다 어둠이었다 어둠을 어둠이라 명명하는 한 사람을 보았다 고개를 숙이고 있는 동안 어깨가 시들었다 얼굴을 들어 낯설지 않은 창밖을 바라보는데 불 켜진 객차의 창문들이 물가에 어리기 시작했다

흐르고 있다

같은 말을 되풀이했다 툭, 하고 구두 앞코로 떨어지는 어느 하나의 무게가 있었으니 그것을 마음으로 다 받았다 나보다

먼저 와 나 몰래 젖다 가는 울음이

거기, 있었다
—「거기, 네가 먼저 있다」 전문

바깥에서 '나'는 "어둠을 어둠이라 명명하는 한 사람"이 있다는 사실을 주시한다. 타인 역시 '나'만큼 고통스럽다. 그들은 모두 "잘려나간 이야기들"(「달의 시간」)을 가졌다. '나'처럼 "안온하지 않은 生"(「원고지의 윤리」)은 도처에 있다. 시집의 전반부에 애도의 실패에서 비롯된 슬픔이 묘사되었다면 후반부에 배치된 시들은 주로 시적 주체가 타인의 고통과 온기를 느끼는 과정을 담고 있다. 밀실과 병동에서 나온 '나'는 "진심을 다해 만들어야 하는 찰나"를 보며 "사람의 무릎을 베고 누워 눈을 감"는다. "다정한 혼란과 살가운 공포 질투로 윤곽을 빚었던 골목"(「피리」)을 떠올린다. 그리고 "당신의 기척으로부터 시작되는, 하나의 인칭으로 모두의 인칭을 다할 수 있었던 어느 계절 어떤 범람"(「당신의 기척으로부터 시작되는」)을 적는다. 당신이 곁에 있었던 풍경을 떠올리면서 '나'는 슬픔을 건너는 법을 비로소 알게 된다. 당신의 부재는 고통의 근원이지만, 남은 생을 견딜 수 있는 힘이기도 하다. 사랑은 사랑을 하면서 배울 수밖에 없다. 현실의 사랑은 곧 사랑의 실수밖에 없다. 그 실수의 내용을 채우는 방식으로 사랑은 존재한다. 사랑은 부재를 통해서만 가능한 판타지다. 삶 역시 그러하다. 삶을 돌이킬수록 놓쳤던 빈틈들만이 남는다. 자신이 살아야만 했으나 살지 못했던 삶의 궤적을 보면서 '나'는 자신의 상처에 중독되는 허위에서 벗어난다. 그 부재의 여백을 채우면서 삶을 지속한다. 체념과 후회의 언어는 애틋한 연가로 바뀐다.

풀잎을 떼어 당신이 피리를 분다

절박했던 무릎은 평범해졌다

그러모은 두 손을 딛고 이따금 날아오르던 하얀 새는 이제 돌아오지 않는다 풀잎을 떼어 사람이 피리를 부는 동안 찰나가 주는 진심이 아니라 진심을 다해 만들어야 하는 찰나를 보고 있다 사람이 피리를 부는 동안

사람의 무릎을 베고 누워 눈을 감는다 사람의 손은 풀잎의 가장자리를 더듬으며 바람의 부피를 측량하고 있다 사람의 손 아닌 손들은 모두 여기 겨드랑이 사이에 꽂혀 있다 자주 그럴 것이다 자주 놓아버려 자주 맞잡았던 당신의

손은

다정한 혼란과 살가운 공포 다감한 질투로 윤곽을 빚었던 골목들 그 길 위로 피어나던 냉이와 소국 꽃에 당하면서 꽃을 극복하면서 기운 옥탑과 당신의 배 위로 쏟아내던 헐떡거리는 개 같은 진심들 몇 번씩이나 살려둔

나는

이제 자주 죽을 것이다

풀잎을 떼어 당신은 피리를 분다

평범해진 무릎은 편안해질 것이다
—「피리」 전문

사람은 대개 자기 상처에는 예민하면서도 상처의 이유에 대해서는 둔감하다. 그리고 상처받을 수밖에 없는 삶의 조건이 바로 상처의 본질이라는 사실을 간과한다. "이제 자주 죽을 것"이라는 선언은 체념과 절망의 표현이 아니라 당신의 온기가 머물렀던 순간을 망각하지 않겠다는 다짐의 표현으로 읽힌다. "당신의 밀실을 떠난 후"(「마술 모자와 옷걸이, 거울이 놓여 있는 밀실」) '나'는 "당신이 두고 간 바닥"을 보며 "새삼 보지 못

했던 것"(「청량(淸凉)」)을 보았다고 진술한다. 그리고 "컨베이어벨트에 끼어 죽"(「혐의」)은 청년과 을(乙)과 구의역에서 사망한 청년(「너의 잘못이 아니야」) 등 사회적 비극으로까지 시선을 넓힌다. 자신의 슬픔에 몰두하던 '나'는 이제 타인의 고통에도 눈을 돌리게 되는 것이다.

슬픔은 하나의 인식에 도달하게 하는데 그 대상은 슬픔의 감상이 아니라 바로 사회적 삶의 조건이다. 자신이 상처받았다는 이유로 타인의 상처에 둔감한 자들은 쉽게 혐오에 빠진다. 합리적인 쾌락 원칙을 신봉하는 사람들은 슬픔과 거리를 두려 한다. 그들은 자기충족적인 순간을 만끽하며 행복을 '증명'하고, 타인의 관심을 갈망한다. 반면 강연우의 시적 주체들은 '당신'의 부재를 아파하며 기꺼이 슬픔에 빠진다. 이것은 외상을 치료하려고 그 외상의 자리에 계속 머무는 '가위눌린 꿈'의 메커니즘과 흡사하다. 그러나 나르시시즘 가득한 이 '관종의 시대'에 시를 쓰는 일은 어떤 의미를 지닐 수 있는가.

> 나무들은 매일매일 죽음을 배반했다
> 사람들의 이마에 새겨진 주름은 더 이상
> 슬픔이라는 낙인으로 오판되지 않았다
> 희고 고운 손과 껍질이 여문 거친 손
> 모두의 손은 주름이라는 타인의 마음으로
> 한데 물결처 공평해져 갔고 평등해져 갔다

> 바닥은 짓밟히는 평면이 아니라 영혼에서
> 영혼으로 건너가는 징검다리가 되었고
> 모든 바닥은 서서히 모서리를 잃어갔다
> 살아간다는 것은 그러니까 살아 있다는 사실은
> 죽어가고 있다는 체념과 슬픔의 척후가 아니라
> 죽음을 향해 가고 있다는 환희의 배후가 되었다
> ―「우리 무릎에는 이제 운율이 흐르고」 부분

"여름에도 온기가 필요하다는 것을 아는 사람은 살아 있는 사람들뿐"(「파스텔」)이라고 시인은 텅 빈 노트에 적는다. 가위눌린 꿈에 시달리는 사람처럼. 그것은 시인이 생을 건디는 유일한 방식이다. 원고지의 가로 세로 선분은 '나'가 갇힌 밀실과 병동의 은유다. "봉쇄된 지면"에 시를 적으며 '나'는 "당신의 눈동자에 담겼"(「보이지 않는 사람」)던 순간을 상상으로 복원한다. 이 무용한 반복을 거듭하는 '나'가 묻는다. 당신이 갇힌 밀실과 병동은 어떠하냐고.

시인동네 시인선 237

당신이 오지 않는 식탁
ⓒ 강연우

초판 1쇄 인쇄	2024년 9월 5일
초판 1쇄 발행	2024년 9월 12일
지은이	강연우
펴낸이	김석봉
디자인	헤이존
펴낸곳	문학의전당
출판등록	제448-251002012000043호
주소	충북 단양군 적성면 도곡파랑로 178
전화	043-421-1977
전자우편	sbpoem@naver.com

ISBN 979-11-5896-660-7 03810

*이 책의 판권은 지은이와 문학의전당에 있습니다.
*양측의 서면 동의 없는 무단 전재 및 복제를 금합니다.
*잘못 만들어진 책은 바꿔드립니다.